LES GRACES,

BALLET-HEROIQUE

REPRÉSENTÉ
PAR L'ACADEMIE ROYALE
DE MUSIQUE;

Le jeudi cinquiéme may 1735.

Remis au théâtre, le mardi 7 juillet 1744.

Nouvelle Edition, conforme à cette Remise.

DE L'IMPRIMERIE
De JEAN-BAPTISTE-CHRISTOPHE BALLARD,
doyen des imprimeurs du roi, seul pour la musique,
et pour l'académie royale de Musique.

A PARIS, au Mont-Parnasse, rue S. Jean-de-Beauvais.

M. DCC XLIV.

Avec privilége de Sa Majesté.

LE PRIX EST DE XXX SOLS.

Les Paroles sont de Mr Roy, *Chevalier de l'Ordre de Saint Michel.*

La Musique de Mr Mouret, *ordinaire de la Musique du Roi.*

AVERTISSEMENT.

LES GRACES relévent la beauté, souvent elles y supléent, presque toujours elles en triomphent. C'est cette idée d'Ovide, idée si flateuse pour le Sexe, que l'on a tâché de rendre sur la Scene. Les agrémens sont plus aisez à sentir qu'à définir : Inséparables de la personne qui les possede, ils sont l'ame de toutes ses actions. * Ils ne se bornent point aux Talens : On n'a pas toujours occasion de les exercer, il arrive même qu'on les exerce savament, sans y joindre les Graces : Elles sont de toutes les heures, il faut donc les attacher aux Caracteres.

On a choisi ceux qui présentoient le plus de diversité, et l'on n'a fait que leur adapter des Sujets de la Fable.

L'INNOCENCE monte sur le Trône, au mépris de plusieurs Rivales artificieuses.

LA DELICATESSE fixe un Amant, elle obtient la préference sur les grandeurs qui pouvoient l'éblouir, et sur les plaisirs capables de le dissiper.

L'ENJOUMENT dans une jeune Esclave superieure à l'adversité, met à ses pieds un Chevalier Romain, du nombre de ceux qui se tenoient au-dessus des Rois.

* *Illam, quidquid agit, quoquo vestigia ponit,*
Componit furtim, subsequiturque decor. Tibull.

On croit qu'il ne falloit pas de moindres intérêts pour faire honneur aux Graces.

Mais quelque soin qu'on se soit donné pour les peindre, on ne se flattera jamais d'avoir atrappé leur parfaite ressemblance. Quoiqu'il en soit, si quelque chose peut mériter l'indulgence du Public, c'est l'attention qu'on a eue de chercher dans des endroits détournez des Sujets nouveaux, & moins rebatus.

ACTEURS, ET ACTRICES
Chantans dans les Chœurs.

CÔTE' DU ROY.		CÔTE' DE LA REINE.	
Memoiselles	*Messieurs*	*Mesdemoiselles*	*Messieurs*
Dun,	Marcelet,	Cartou,	De Serre,
Delorge,	St. Martin,	Deshaigles,	Gratin,
Varquin,	Lefebvre,	Gondré,	Le Messe,
Dallemand-C.,	Le Page,	Maçon,	Deshais,
Larcher,	Fel,	De Verneuille,	Levasseur,
Delastre.	Houbault,	Jaquet,	Buzeau,
	Bourque,	Riviere.	Belot,
	Bornet,		Rhone,
	Gallard,		Margalé,
	Duchenet.		Parens.
	Chabourd,		
	Rochette.		

PROLOGUE.

SUJET.

L'Egypte avoit consacré à HELENE, sous le nom de VENUS L'ETRANGERE, un Temple qui fut célèbre par le prodige d'embellir celles qui alloient y offrir des voeux. *Herodot. Liv. 2.*

TEXTE.

Ut ameris amabilis esto,
Quod tibi non facies, solave forma dabit.
Ovid. art. Amat. 2.

IMITATION.

L'Art de plaire est l'Art suprême,
Il tient la clef des cœurs, il les ouvre à son gré;
Un bel Objet n'est qu'admiré,
Ce sont les Graces qu'on aime.

PERSONNAGES CHANTANS.

LA PRÊTRESSE, Mlle Chevalier.

CHOEUR D'EGYPTIENNES.

CHOEUR DE PRÊTRESSES.

L'AMOUR, Mlle Romainville.

CHOEURS *d'Amans & d'Amantes.*

La Scene est dans le Temple d'HELENE en Egypte.

PERSONNAGES DANSANS;

PRÊTRESSES DE VENUS.

Mesdemoiselles Rabon, Carville, Erny, Petit.

EGYPTIENS, EGYPTIENNES;

Monsieur Matignon;

Messieurs Feuillade, De Vice, Dangeville;

Mesdemoiselles Thiery, Beaufort, Dary.

Mademoiselle Le Breton;

LES GRACES;

Mlles Courcelle, Fremicour, St Germain.

PROLOGUE.

Le théâtre représente le TEMPLE consacré à HELENE sous le nom de VENUS L'ETRANGERE ; on voit au fond, la Statue d'Helene avec le Temps à ses pieds : derriere elle, est la Jeunesse qui lui met une couronne étoillée, symbole de l'immortalité. Dans les côtez paroissent deux Groupes de Pâris & d'Helene ; dans l'un, il donne la Pomme d'or à Venus ; dans l'autre, il reçoit Helene des mains de LA DÉESSE.

SCENE PREMIERE.

LA PRETRESSE, CHOEUR DE PRÊTRESSES.

LE CHOEUR.

Chantons, de la Beauté chantons l'aimable empire :
On voit voler les cœurs au devant de ses loix :
Reine de l'Univers, elle enchaîne les Rois ;
Sa puissance s'étend sur tout ce qui respire.

On danse.

LA PRÊTRESSE.

Régnez divine HELENE, *honneur de ces climats ;*
Sous le nom de Venus, le Nil vous rend hommage,
Dans ce Temple marqué des traces de vos pas,
Vous enchaînez le Temps aux pieds de votre Image,
Vous suspendez son funeste ravage,
Et les Belles par vous renouvellent d'appas.

LE CHOEUR.

Chantons, de la Beauté chantons l'aimable empire :
On voit voler les cœurs au devant de ses loix :
Reine de l'Univers, elle enchaîne les Rois,
Sa puissance s'étend sur tout ce qui respire.

LA PRÊTRESSE.

La Beauté s'ouvre les Cieux,
Elle y place des Mortelles :
Elle en fait descendre les Dieux,
Contens de languir auprès d'elles.

Un Vainqueur audacieux,
A ses Guerriers doit sa gloire :
Il n'appartient qu'à de beaux yeux
De jouir seuls de leur victoire.

On danse.

SCENE II.

SCENE II.

LA PRÊTRESSE, CHOEURS DE PRÊTRESSES, ET D'EGYPTIENNES.

LE CHOEUR D'EGYPTIENNES.

Ecoutez nos soupirs, voyez couler nos larmes.
Helene avoit sur nous répandu ses faveurs :
Malgré ses dons, au mépris de nos charmes ;
Nous n'éprouvons que d'insensibles cœurs,
Et c'est en d'autres mains que l'Amour met ses armes.

LA PRÊTRESSE.

Puissante Déesse, achevez ;
Vôtre gloire le veut, & ma voix vous implore.
A vos bienfaits que manque-t'il encore ?
Eh quels autres trésors avez vous reservez ?

Quel prodige ! Quelle lumiere
Se répand dans ces lieux !
Quels sons touchants ! .. Tout l'Olimpe s'éclaire...
Quel présage charmant ! L'Amour descend des Cieux.

SCENE III.

L'AMOUR, LA PRÊTRESSE, CHOEUR D'EGYPTIENNES, CHOEURS D'AMANS.

L'AMOUR.

Foibles Mortels, un ſuccès malheureux
Devient ſouvent le prix d'un ſouhait temeraire:
Laiſſez aux Dieux le ſoin de ſatisfaire
Vos beſoins, plutôt que vos vœux.

Ce n'eſt pas la Beauté qu'Helene eut en partage,
Qui ſoumit à ſes loix tant d'illuſtres Vainqueurs;
Les Graces la guidoient, ſa gloire eſt leur ouvrage.
La Beauté n'a ſouvent que le ſort des couleurs,
Elle attache les yeux ſans attendrir les cœurs.
Aux Graces deſormais adreſſez vôtre hommage.

LA PRÊTRESSE, aux GRACES.

Du tendre Amour fidelles Sœurs,
Vous échapez ſouvent aux yeux vulgaires:
Heureux qui peut ſentir vos ſecrettes douceurs!
Vos traces promptes & legeres
Sans nous en avertir, s'impriment dans les cœurs.

On danſe

L'AMOUR, AUX CHOEURS.

Ne croyez pas
Voir l'Amour sur vos traces,
Si les Graces
N'ont conduit ses pas.
De la Beauté la gloire est passagere;
Et les Talens
Ont pour charmer les sens,
Peu d'instans:
Mais l'Art de plaire
Est de tous les temps:
Pour fixer vos Amants,
L'Art de plaire
Est de tous les temps.

L'AMOUR.

Mortels, rassemblez-vous des plus heureux climats;
Rien ne manque plus à ma gloire.
La Beauté quelquefois éprouve des ingrats,
Mais les Graces toujours remportent la victoire.

Tout répond à ma voix: et pour chercher des fers,
On vient du bout de l'Univers.

CHOEUR DES AMANTS.

Regnez Divinitez charmantes,
Que vôtre Empire heureux s'augmente chaque jour.
Vous resserrez les chaînes de l'Amour,
Vous rendez nos flâmes constantes.

On danse.

LA PRÊTRESSE.

Charmant Amour, dans ton Empire
Tu fais refleurir les Jeux & la Paix:
Des Belles, que ta flâme inspire,
Tu viens embellir les attraits:

Content de nos innocens hommages,
Tu regnes par tes bienfaits:
Banni les regrets,
Prévien nos souhaits;
Par des nœuds secrets
Tu retiens les cœurs sauvages:
Soumets
Pour jamais
Les Amans les plus volages,
Triomphe, adouci tous tes traits.

L'AMOUR.

Délicatesse, Innocence, Enjoument,
Les Graces vous devront un triomphe charmant.
Assurez l'Empire des Belles:
Les Ris, l'Amour timide, & les tendres Langueurs
Par mille ressources nouvelles
Vont éveiller, séduire, & toucher tous les cœurs.

CHOEUR, *Regnez*, &c. ci-devant.

FIN DU PROLOGUE.

PREMIERE ENTRÉE.

L'INNOCENCE.

SUJET.

L'Avanture d'Aronce & de Cydipe, semble avoir été préparée par Ovide, pour désigner L'INNOCENCE. Le stratagême d'un amant ingénieux vient à bout de la simplicité d'une jeune personne. La Fable l'a consacré, et la superstition des Payens le rend vraisemblable. On a tâché de ne négliger aucun des traits d'Ovide, source inépuisable de Sujets pour le théâtre Lyrique.

TEXTE.

Sive rudis placita es simplicitate tuâ.

Ovid. Amor. 2°.

IMITATION.

De modestes regards, l'air de naïveté
En ne demandant rien obtiennent notre hommage :
Des pieges differents, dont l'Amour fait usage
C'est le plus sûr, et le moins redouté.

ACTEURS CHANTANS.

ARONCE, *Roy d'Argos*, Mr Le Page.

AIPHIS, *Confident d'Argos*, Mr De la Tour.

CYDIPE, *jeune Argienne*, Mlle Metz.

LA PRÊTRESSE DE DIANE. Mlle Fel.

UN ARGIEN, Mr Jelyotte.

CHOEUR *de Prêtresses de Diane.*

CHOEUR *d'Argiens & d'Argiennes.*

PERSONNAGES DANSANS.

ARGIENS, ET ARGIENNES.

Monſieur Dupré;
Meſſieurs Dumay, Dupré, P-Dumoulin, Hamoche.
Meſdemoiſelles Rabon, Erny, Puvigné, Dary.

PRÊTRESSES DE DIANE.

Mademoiſelle Carville;
Meſdemoiſelles St Germain, Courcelle, Fremicour, Beaufort, Thiery.

PREMIERE ENTRÉE.

L'INNOCENCE.

Le théâtre repréſente le Temple de DIANE à Delos.

SCENE PREMIERE.

ARONCE, IPHIS.

IPHIS.

Quoi, l'Amour vous amène au Temple de Delos,
Et ſous le nom d'Aronce, il cache un roi d'Argos!

ARONCE.

La gloire de mon rang me contraint au miſtere,
Et je cherche en ces lieux cette Beauté ſi chere,
Qui ſeule a troublé mon repos.

IPHIS.

De quelles armes nouvelles
L'Amour s'est-il servi pour vous donner des fers?
Vous, dont les yeux n'étoient ouverts
Que sur les défauts des belles.

ARONCE.

Les objets séduisans que rassemble ma Cour,
Les pieges qu'à mon cœur ils tendent tour à tour
N'excitent que ma défiance.
Une beauté naïve, une aimable innocence,
Un langage touchant sans feinte, et sans détour,
Des yeux qui semblent seuls ignorer leur puissance,
Voilà les traits vainqueurs qu'il falloit à l'Amour,
Pour triompher de mon indifference.
Contre Cydipe enfin mon cœur est sans défense.

IPHIS.

Vos soins ont-ils sû l'enflâmer?

ARONCE.

Elle ne sait encor ce que c'est que d'aimer.
Son modeste embarras, son timide silence
Ne sont ni des refus, ni de tendres aveux;
Rien ne m'instruit du succès de mes feux,
Tout en acroît la violence:
Et pour comble de maux, j'aprens qu'en mon absence
De son hymen on prépare les nœuds.

IPHIS.

IPHIS.

Servez-vous du pouvoir ſuprême
Pour rompre un hymen odieux.

ARONCE.

Non, je ne veux tenir ſon cœur que d'elle-même ;
Et tandis qu'à Diane elle adreſſe ſes vœux,
J'attens ici l'effet d'un nouveau ſtratagême.
Sur ſa crédulité, ſur la crainte des Dieux
Je fonde l'eſpoir d'être heureux.
La Prêtreſſe eſt inſtruite & ſervira mes feux.

IPHIS.

Eſperez tout de votre amour extrême.

ARONCE.

Raſſemble mes ſujets diſperſez dans ces lieux
Juſqu'au moment qui doit les offrir à mes yeux.

SCENE II.

ARONCE.

PArois cher Objet que j'adore,
Vien, ſuſpend mes tourmens, partage ma langueur :
Mes honneurs, mes tréſors, la ſuprême grandeur,
Que je puis t'immoler, que je te cache encore,
N'ont point pour moi d'attraits, ſi je n'obtiens ton cœur.
Quel plaiſir d'inſpirer une ſincere ardeur !
Dans le rang où je ſuis, c'eſt un bien qu'on ignore.
Parois cher Objet, &c.

SCENE III.

ARONCE, CYDIPE.

ARONCE.

Plus épris que jamais de vos divins appas,
Jusqu'ici j'ai suivi vos pas.
Depuis que pour vous je soupire,
Chaque jour m'a rendu mon choix plus précieux:
Mon cœur sent redoubler ses feux
Par le plaisir de vous le dire.
Mais, que vois-je? Quel trouble éclate dans vos yeux?

CYDIPE.

D'un tourment inconnu j'éprouve les atteintes,
Mes jours sont obscurcis de chagrin, de langueur;
Et je viens de Diane implorer la faveur;
L'Oracle que j'attens peut seul calmer mes craintes.

ARONCE.

N'interrogez que votre cœur.

CYDIPE.

Au superbe Agenor mes parens m'ont promise;
A mon hymen leur aveu l'autorise,

Et je ne sai pourquoi j'en redoute les nœuds :
Mais une douleur subite
S'empare de mes sens, le jour m'est odieux.
Juste vangeance des Dieux
Que ma résistance irrite.

ARONCE.

Non, Cydipe, ce trouble, et ces secrets combats,
De votre cœur l'impatient murmure
Sont une voix du Ciel, un favorable augure :
Aux bords du précipice il arrête vos pas ;
Vous alliez devenir criminelle, et parjure,
Le juste Ciel n'y consent pas.

CYDIPE.

Qu'ay-je promis ? Quel autre nœud me lie ?

ARONCE.

J'engage au tendre Aronce et mon cœur et ma foi ;
Si quelqu'autre l'obtient, Diane, vange-toi.

CYDIPE.

Que me rapellez-vous ?

ARONCE.

Quoi, Cydipe l'oublie ?

CYDIPE.

Helas ! J'étois au Temple : un desir curieux
Arrête mes regards sur un fruit précieux
Tel que celui qui sût éblouir ATALANTE,
Je lis ces mots tracez qu'à mes yeux il présente.

ARONCE.

Diane écoutoit votre voix,
Et ces mots prononcez sont devenus des loix.

CYDIPE.

J'aurois fait un serment, et cette loi m'enchaîne!

ARONCE.

Aronce le dictoit, par l'amour inspiré.

CYDIPE.

Vous ! O ciel ! Quel tourment m'avez-vous préparé?

ARONCE.

Mon bonheur fait-il votre peine ?

CYDIPE.

Agenor est nommé, jugez de mon effroi.

ARONCE.

Les Mortels sont pour lui, mais les Dieux sont pour moi.

CYDIPE.

Ah, que j'aurois de panchant à vous croire!

ARONCE.

Mon bonheur de Diane interesse la gloire.

CYDIPE.

On vient, sur mes destins le ciel va m'éclairer.

ARONCE.

Aimez-moi seulement, j'ose tout esperer.

SCENE IV.

CYDIPE LA PRÊTRESSE, CHOEURS.

LA PRÊTRESSE.

Fille du Dieu puissant, qui lance le tonnerre,
O Diane, écoûtez nos vœux.

CHOEUR.

Calmez d'un jeune cœur les tourmens rigoureux.

LA PRÊTRESSE.

Aux monstres des forêts vous déclarez la guerre,
Vous préservez nos champs des ravages affreux:
Rivale du Soleil, vous éclairez la terre,
Et la nuit brille de vos feux.

Le Chœur reprend.

La sagesse qui vous éclaire
Ne blâme point une innocente ardeur:
Vous avez pris plaisir à regner sur le cœur
D'un Berger fidele & sincere.

CYDIPE.

Est-ce Diane, ou vos accens flateurs,
Qui suspendent mes douleurs?
Daignez m'aprendre sa réponse.

LA PRÊTRESSE.

Voici ses volontez que ma voix vous annonce.

CYDIPE.

Ah, que je crains!

ARONCE.

Rassurez-vous.

CYDIPE.

O Déesse, daignez vous déclarer pour nous.

LA PRÊTRESSE.

Cydipe jouira d'un sort digne d'envie,
Au Souverain d'Argos elle doit être unie.

SCENE V.

ARONCE, CYDIPE.

CYDIPE.

Est-ce-là cet oracle, et ce destin si doux?

ARONCE.

Vous m'aimez, du Destin je brave le courroux.

CYDIPE.

Vous ne me plaignez point, vous m'avez donc trahie?
Ah! S'il est vrai, je renonce à la vie.

ARONCE.

Un Trône en fera le bonheur.

CYDIPE.

Eh! Quel Trône sans vous pourroit toucher mon cœur?

ARONCE.

Vous ne connoissez pas la grandeur souveraine,
Vous ignorez ses charmes séducteurs.
Dans le sein des plaisirs au comble des honneurs,
Vous oublierez sans peine
Et ma tendresse, et mes malheurs.

CYDIPE.

Vous ne méritez pas mes pleurs.

à part.

Cachons-lui mon dépit extrême...
Je vais sur ces autels me consacrer moi-même,
J'y cours ensevelir ma honte, et mes douleurs.

ARONCE.

Cydipe, ce n'est plus Aronce qui vous aime,
C'est le Prince d'Argos qui tombe à vos genoux.
Recevez la grandeur suprême;
Mon cœur en vous l'offrant, croit la tenir de vous.

CYDIPE.

Où suis-je? Quel discours! Quelle suprise extrême!
Est-ce un songe qui me séduit?

ARONCE.

Non, calmez vos frayeurs, et goûtez-en le fruit.

ENSEMBLE.

Amour tendre, Amour ſincere,
Tu nous a réſervé tes plus douces faveurs
Jamais de victoire plus chere,
N'a ſignalé tes traits vainqueurs.

ARONCE.

Peuples, voyez l'objet à qui je rends les armes,
Partagez entre-nous votre zéle & vos vœux,
Reconnoiſſez l'empire heureux
Que prennent ſur les cœurs l'Innocence & ſes charmes,

Chantez, animez vos concerts,
Rendez de ce grand jour la mémoire immortelle;
Que le nom de l'Objet qu'un digne choix appelle,
Soit porté par tout l'Univers.

CHOEUR.

Chantons, animons nos Concerts, &c.

UN ARGIEN.

Jeune Beauté, regnez ſur notre auguſte Maître;
Entre la Terre & lui partagez vos regards,
C'eſt vous que le Ciel a fait naître
Pour embellir encor le Trône & nos remparts.
Une paiſible victoire
Enchaîne ſous vos loix les plus riches climats;
Vous triomphez des plus brillans appas,
Tout aplaudit à votre gloire.

LE CHOEUR, *Chantons*, &c.

FIN DE LA PREMIERE ENTRE'E.

SECONDE

SECONDE ENTRÉE.

LA DELICATESSE.

LA Délicatesse, qu'on peut mettre au rang des Graces, est le caractere d'une amante toute occupée de son amant, jalouse des moindres soins qui peuvent le distraire de sa passion, et capable de prendre ombrage des plaisirs les plus innocens. On a cru ne pouvoir mettre ce caractere dans son vrai jour, qu'en le plaçant chez les Sibarites, nation dissipée et sensuelle. Smindiride, ce célébre voluptueux, tenoit parmi eux un rang distingué. Agariste au raport *d'Herodote liv. 5.* étoit une Grecque d'une rare beauté. Son triomphe est de ramener son amant à sa façon de penser.

TEXTE.

Felicem de quo fœmina læsa dolet. *Ovid. art. am. 2°.*

IMITATION.

Que d'agrémens dans la Maitresse,
Qui se plaint & qui croit ne jamais plaire assez!
Craintes, soubçons, reproches de tendresse:
Loin d'éloigner l'Amant, c'est vous qui le fixez.

ACTEURS CHANTANS.

SMINDIRIDE, Mr Jelyotte.

AGARISTE, Mlle Chevalier.

LE CHEF *des Sibarites.*

UNE SIBARITE, Mlle B[illegible]nnois.

CHOEUR *de Sibarites.*

PERSONNAGES DANSANS.

SIBARITES.

Monſieur Gherardy.

Meſſieurs Dumay, Dupré, F-Dumoulin, Levoir, Matignon, Malter-C.;

Mademoiſelle Dalmand;

Meſdemoiſelles Rabon, Petit, Courcelle, St Germain, Thiery, Beaufort.

SECONDE ENTRÉE.

LA DELICATESSE.

Le Théatre représente un lieu consacré par les Sibarites, à l'Amour & à Bacchus ; et décoré des attributs de ces deux Divinitez.

SCENE PREMIERE.

AGARISTE.

Éjour où le Plaisir tient l'empire suprême,
Lieux, où l'on ne cherche en aimant,
Que l'éclat, ou l'amusement,
Laissez-moi régner sur moi-même,
Ou rendez mon amant
Capable d'aimer comme j'aime.

Il blâme mes chagrins, mes langueurs, mes ennuis ;
Tendre Amour, ils sont ton ouvrage,
Peux-tu souffrir que j'en perde les fruits ?
Les soupirs des Amans sont leur plus doux langage,
Mais son cœur n'est pas fait pour en sentir le prix.

Séjour, &c.

SCENE II.

AGARISTE, SMINDIRIDE.

AGARISTE.

Smindiride, vos vœux vont être ſatiſfaits,
Cet Empire à vos loix ſe ſoumet pour jamais.

SMINDIRIDE.

Que l'honneur qu'on me déſere,
Me deviendroit précieux,
S'il rendoit ce ſéjour plus aimable à vos yeux,
Et moi plus digne de vous plaire !

AGARISTE.

Votre bonheur dépend-t'il de nos feux ?
Je vous parle toujours une langue étrangere ;
Je vois trop que l'Amour nous a trompés tous deux,
J'apeſantis ſur vous ſes nœuds,
Vous ne voulez qu'une chaîne legere.

SMINDIRIDE.

Les Jeux d'une Cour brillante
Vous devoient leur agrément.
Que ma flâme étoit contente
D'un triomphe ſi charmant !
Que l'eloge de l'Amante
Flate en ſecret un tendre Amant !
Pourquoi les fuyez-vous ! D'où vient ce changement ?

AGARISTE.

Dans ma tranquille indifférence,
Je goutois sans impatience
Tous les amusemens, que m'offroient ces climats:
Depuis que j'aime, ils me font violence,
Mon cœur n'y trouve plus d'apas.
Helas! Ma jalouse tendresse,
Loin de vous flater, vous blesse:
Qui l'estime si peu ne la mérite pas.

SMINDIRIDE.

C'est donc un crime, quand on aime,
De gouter quelques doux loisirs.

AGARISTE.

L'Amour ne veut de plaisirs
Que ceux qu'il prépare lui-même.
L'Amour se nourrit de pleurs;
Réveur, inquiet, solitaire,
Tout ce qui peut le distraire
Afoiblit son pouvoir, et trahit ses ardeurs:
Ce n'est point au grand jour que sa flâme s'expose,
Il cache jusqu'à ses langueurs,
Et n'en veut pour témoin, que l'objet qui les cause.

SMINDIRIDE.

Le Dieu qui regne sur nous
Est l'ennemi des alarmes:
Il veut à nos plaisirs donner de nouveaux charmes
Pour les rendre dignes de vous.
Il est blessé de voir couler vos larmes.

AGARISTE.

Un Amant delicat en seroit plus jaloux.

Allez, volez à ces fêtes bruyantes,
Dans ces Jeux à Bacchus, à l'Amour présentez;
Vous y verrez mille Beautez
Moins tristes, plus reconnoissantes,
Vous payer des plaisirs que vous leur promettez.

SMINDIRIDE.

Agariste, quelle injustice!
Eh! Quoi de tant d'Objets l'éclatant sacrifice
Ne vous répond pas de ma foi.

AGARISTE.

Non, pour me rassurer il faudroit un azile,
Où, loin de ces périls qui causent mon effroi,
Vous pussiez ne songer qu'à moi.
Non, jusqu'à ce moment mon cœur n'est point tranquile.
Me suivre! C'est pour vous une trop dure loi.

SMINDIRIDE.

Vous me fuyez!

AGARISTE.

Il le faut.

SMINDIRIDE.

Inhumaine,
Vous ne m'avez jamais aimé.

AGARISTE.

Ah! Je souffrirois moins de peine.

SMINDIRIDE.

Rendez la paix à mon cœur allarmé.

Quoi ! Se peut-il que rien ne vous fléchisse ?

AGARISTE.

On vient : Voici l'instant qui doit nous séparer.

SMINDIRIDE.

Demeurez.

AGARISTE.

Vous voulez augmenter mon supplice.

SMINDIRIDE.

Non non, j'ose esperer
Qu'enfin vous reviendrez d'un injuste caprice.

SCENE III.

AGARISTE, SMINDIRIDE, LE CHEF DES SIBARITES.

CHOEUR.

REgne en ces lieux,
Reçoi nos soins & nos vœux ;
Eh quel zéle,
Plus fidéle
Que celui d'un Peuple heureux ?
Dans cet Empire
Quel cœur se plaint ou soupire ?
Tout inspire,
Tout respire

Du plaisir les douces loix.
Chantons cent fois
Le plus aimable des Rois.
Le Ciel même,
Qui nous aime,
A fait notre choix.

Loin d'ici ces cruels vainqueurs,
Dont la main répand mille horreurs.
Vaine gloire
De la victoire,
Vaux-tu la conquête de nos cœurs ?

LE CHEF.

Seigneur, un Peuple heureux entre tous les humains
Remet son sort entre vos mains.
Il vivra sous vos loix dans une paix profonde ;
Loin de ces lieux ces sauvages Heros
Dont la fureur trouble la terre & l'onde :
Le soutien des plaisirs, et l'auteur du repos
Est pour nous le Maître du monde.

SMINDIRIDE.

Que dans un autre temps mon cœur seroit flaté
D'une gloire si grande !
Amis, un rang si beau m'est envain présenté,
L'empire des plaisirs demande
Un cœur libre, et moins agité.

Vous voyez les beaux yeux à qui je rends les armes,
Entre-eux & vous réduit à prononcer,
Il faut perdre l'Empire, ou quitter tant de charmes,
Le pourrois-je ! Grands Dieux... Non, c'est trop balancer.
Triomphe Amour, le bien suprême
Est de tout immoler à la Beauté qu'on aime.

AGARISTE.

Dieux ! Qu'entens-je !

SMINDIRIDE.

Agariste, Eh bien dans quels climats
Faut-il que je suive vos pas ?

AGARISTE.

Ah ! C'en est trop, demeurez Smindiride,
Cet effort généreux de mon bonheur décide.
Je ne crains plus un séjour
Que je croyois fatal à la constance ;
Pardonnez à ma défiance
L'épreuve de votre amour.

ENSEMBLE.

De mes feux de mes pleurs aimable récompense,
Heureux moment, vien combler nos desirs.
Aimons-nous, que notre constance
Fasse couler nos jours dans les plus doux plaisirs.

LE CHEF.

Tendres amans, formez la chaîne la plus belle,
Votre bonheur comble nos vœux.
Ce Peuple est occupé de la gloire immortelle
De l'enfant de Venus, et du fils de Semele;
Le même Temple ici les réunit tous deux,
La Volupté leur compagne fidelle
Rassemble sous leur loix, et les Ris, et les Jeux:
Que sous des auspices heureux,
L'Hymen aujourd'hui vous appelle!

On danse.

CHOEUR, *Tendres amans*, &c.

LE CHEF.

Chantez le Dieu qui fait éclore
Les dons les plus chers aux humains;
De l'Amour il arme les mains,
Par ses attraits il l'embellit encore,
Il rend ses coups plus doux & plus certains.
A sa voix l'ennui s'envole,
Il bannit les noirs chagrins;
Est-il un cœur qu'il ne console?
Il triomphe des Destins.

CHOEUR, *Chantons le Dieu*, &c.

UNE SIBARITE.

Des plaisirs aimable maitresse,
De nos cœurs éternelle yvresse,
Séduisante volupté
Régnez, triomphez sans cesse:

Sans vous du Dieu qui nous blesse
Le pouvoir seroit redouté ;
Sa gloire vous interesse
A notre félicité.

AUTRE SIBARITE.

Jeunes Beautez, quelle est la gloire
Que vous trouvez à résister ?
Vous disputez une victoire,
Qu'il est facheux de remporter.

Il vient un temps, où la cruelle
Se repent de ses refus.
Momens perdus,
Qu'en vain l'on rapelle
Momens remplis d'apas,
Nos regrets ne vous ramenent pas.

PREMIERE SIBARITE.

Premier Couplet.

L'Amour pour nous se déclare,
Il nous demande nos cœurs :
Si ce guide nous égare,
C'est par des chemins de fleurs.
Suivons un maître si doux,
Ses peines,
Ses chaînes
Tombent sur les cœurs jaloux ;
Ses plaisirs sont pour nous.

SECOND COUPLET.

Tôt ou tard l'Amour entraîne
Les plus insensibles cœurs:
Resister est une peine,
Prévenons ses traits vainqueurs.
Que leur atteinte a d'appas!
Les Belles
Cruelles,
Les volages, les ingrats
Ne les méritent pas.

FIN DE LA SECONDE ENTRE'E.

TROISIÉME ENTRÉE.

L'ENJOUMENT.

TROISIÉME ENTRÉE.

SUJET.

DERCYLIS est connuë dans l'Antiquité par le Roman *d'Antonius Diogenes*, dont parle Moreri, lettre R. au mot *Romans*, & par l'Epigramme de l'Anthologie, *Liv.* 7. où elle est appellée la dixiéme Muse & la quatriéme Grace. Son Enjoument luy mérita cet Eloge, qui marque assez combien c'étoit une personne célébre. Comme le lieu de sa naissance n'est pont déterminé, on a cru pouvoir luy choisir une Patrie. Le Pays le plus assorti à son humeur est celuy des Tyrinthiens, Peuples du Peloponese, voisins d'Argos, & dont la gayeté fût poussée à un tel excès qu'elle devint une maladie, que les Dieux même ne purent guerir. On sait que cette Nation tomba sous la domination des Romains.

Le prodige qu'opere Venus mere des Ris, en faveur de l'Enjouée Dercylis, n'a rien de plus incroyable que celuy dont Cybele honora la Vestale Claudia; les circonstances sont pareilles. La Statuë de Cybele arrivoit de Pessinunte, Ville de Phrygie. Elle étoit entrée dans le Tybre, mais le Vaisseau n'avançoit point malgré l'effort des Rameurs, lorque la priere de la Vestale, & sa ceinture jettée à la Proüe attirerent le Vaisseau sur le Rivage. Cet évenement aussi salutaire pour Claudia, que mémorable parmy les Romains, est expliqué dans Ovide. *Liv.* 4. *des Fastes.* On voit un pareil prodige dans le dixiéme & dernier Livre de la Lusiade, Poëme Portugais. Le Miracle que fait ici Venus, Déesse aussi puissante que Cybele, procure la liberté à une Captive illustre, & la rend digne d'épouser VALERE.

TEXTE.

Nos hilarem populum fœmina læta capit.
Ovid. Art. Amat. 3. 3°.

IMITATION.

L'Enjoument rend toujours la Beauté plus piquante:
Il donne l'essor aux attraits;
Voit-on rire l'Amour dans les yeux de l'Amante,
Il n'a plus besoin d'autres traits.

ACTEURS CHANTANS.

DERCYLIS, *Esclave Tyrinthienne,* Mlle. Fel.

VALERE, *Chevalier Romain,* Mr. Chassé.

MYSIS, *Tyrinthienne, Compagne de Dercylis,* Mlle. Bourbonnois.

CHOEUR *de Tyrinthiens.*

CHOEUR *de Romains.*

La Scene est dans la Campagne de Rome sur les bords du Tybre.

PERSONNAGES DANSANTS.

ROMAINS;

Messieurs Matignon, Malter-C., Hamoche, Levoir, Feuillade.

TYRINTHIENNES;

Mademoiselle Camargo;

Mesdemoiselles Erny, Carville, Thiery, Fremicourt, Dary.

TROISIE'ME

TROISIÉME ENTRÉE.

L'ENJOUMENT.

Le Theâtre représente la Campagne de Rome; on voit le Tibre dans l'éloignement.

SCENE PREMIERE.

DERCYLIS.

Jouissons toujours des fleurs
Que le Printemps fait éclore;
Sans compter combien de pleurs
Leur éclat coute à l'Aurore.

Le Ciel fait-il un beau jour,
Hâtons-nous d'en faire usage:
Se couvre-t-il d'un nuage,
Soleil, de ton doux retour
L'espérance nous soulage.

Tranquille dans l'esclavage,
Mon cœur est en liberté;
C'est le bien qui m'est resté,
Mon bonheur est mon ouvrage.

Jouissons, &c.

SCENE II.

DERCYLIS, MYSIS.

MYSIS.

Aimable Dercylis, courons sur le rivage:
De superbes apprêts à nos yeux sont offerts:
Corinthe de Venus envoye ici l'Image;
Ce trésor précieux a traversé les Mers,
Il entre dans le Tibre, & de tout l'univers
Rome lui présente l'hommage.
Des plus riches présens les Autels sont couverts;
Un nuage d'encens s'éleve dans les airs;
Les danses, les transports d'une vive jeunesse,
L'éclat d'un si beau jour, les plus tendres Concerts,
Tout flatte également le Peuple, et la Déesse.

DERCYLIS.

Le Ciel deut-il de nous ces soins tumultueux?
Quand sous le voile d'un beau zele
Le Peuple vient chercher les Jeux,
C'est moins la gloire des Dieux,
Que le plaisir qui l'appelle.

MYSIS.

Le plaisir est pour nous et l'encens est pour eux.

DERCYLIS.

De trop de ſoins & de peine,
Vous achetez le plaiſir;
Il fuit qui veut le ſaiſir,
Souvent la recherche eſt vaine:
Moi qui ne le cherche pas,
Je le trouve ſous mes pas.

MYSIS.

Vous ne démentés point votre aimable Patrie.

DERCYLIS.

Mon Enjoument m'a toujours bien ſervie.

Voi nos Tyrinthiens, voi ces peuples heureux:
Ennemis de toute contrainte,
L'Eſpoir, le Deſir, et la Crainte
Sont des noms inconnus pour eux;
Tandis que les Romains accablez de leur gloire,
Au ſein même de la victoire,
Gemiſſent ſous le poids de mille ſoins fâcheux.

MYSIS.

Contre la Fortune ennemie
L'Enjoument eſt noire appui:
Tout ce qu'on dérobe à l'ennui
Eſt autant de momens ajoûtez à la vie.

DERCYLIS.

Sur mon ſort autrefois l'Oracle conſulté
M'apprit qu'à mon bonheur le Ciel mettoit obſtacle,
Et que je ne pourrois obtenir ſans miracle
Le retour de ma liberté.
J'attens avec tranquillité.

ENSEMBLE.

Redoublons notre allegreſſe,
En l'inſpirant à tous les cœurs:
Qu'à nous imiter tout s'empreſſe,
Donnons des loix à nos vainqueurs.

MYSIS.

Mais n'impoſez vous point d'autres loix à Valere?
Cet illuſtre Romain aſſidu ſur vos pas,
Connoît le prix de vos appas,
Et ſon entretien ſait vous plaire.

DERCYLIS.

Il me dit que dans ce ſéjour
Du Dieu des cœurs l'Empire dégenere:
Sur les défauts des Belles il m'éclaire,
Et ſur ceux des Amans je l'éclaire à mon tour.

MYSIS.

Dans ſes diſcours j'entrevois du myſtere;
Contre l'Amour il parle tendrement.
Il vous aime, c'eſt vainement
Que vous prétendez me le taire.
Vangerez-vous nos fers par ſon tourment?

DERCYLIS.

Je suis captive, peux tu-croire
Que ce fier Conquerant devienne mon Epoux ?
Croit-il que je lui céde une indigne victoire ?
Non, l'Amour n'est pas fait pour nous.

ENSEMBLE.

D. *Evitons* / *M.* *Cherissons* { *les plus douces chaînes,*
On dit trop de mal de l'Amour;
D. *Je pourrois* / *M.* *Vous pourriés* { *éprouver un jour*
M. / *D.* *Qu'il donne* } *plus* / *moins* { *de plaisirs que de peines.*

MYSIS.

Contre un fidelle amant, tant de craintes sont vaines.
Il obtient tôt ou tard le plus tendre retour.

DERCYLIS.

Mysis, en vains discours trop long-temps je t'arrête,
Et tu peux aller voir la Fête.

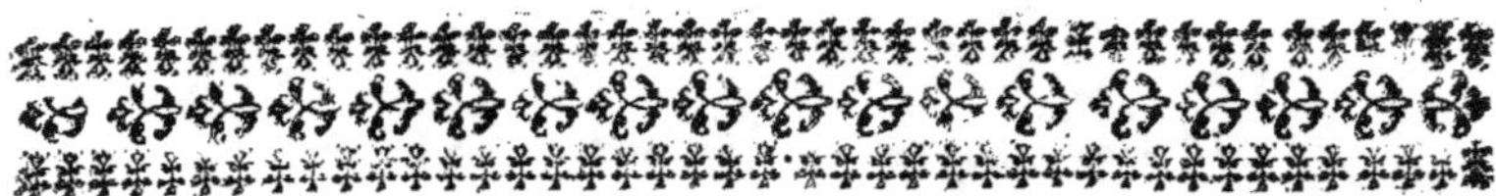

SCENE III.

DERCYLIS.

Fui redoutable Amour, emporte loin de moi
Tes charmes séduisans, tes dangereuses flâmes :

Le plaisir t'annonce à nos ames,
Et le chagrin vole après toi :

Fui redoutable Amour, emporte loin de moi
Tes charmes séduisans, tes dangereuses flâmes.

Eloignons-nous, Valere icy s'avance.
Quoi, fuir! C'est luy montrer que je crains ses discours.
Demeurons : s'il rompt le silence,
Je l'y condamne pour toûjours.

SCENE IV.

DERCYLIS, VALERE.

VALERE.

LEs Romains à Venus envain marquent leur zéle,
Un prodige inoui change en pleurs nos transports:
Le Vaisseau triomphant, qui conduit l'Immortelle,
S'arrête tout à coup, il brave nos efforts;
Et l'Onde immobile & rebelle
Le repousse loin de nos bords.

DERCYLIS.

Venus parle par ce présage;
Vôtre encens lui déplaît, elle lit dans vos cœurs:
Ils ne lui rendent pas ce pur, ce tendre hommage,
Qui sur les vrais amans attire ses faveurs.

De l'Amour dans cet Empire
Tout empoisonne les traits,
De l'Amour dans cet Empire
Tout ignore les attraits:

Des jaloux le noir délire,
Les éclats des indiscrets,
L'inconstance qui déchire
Les nœuds même qu'elle a faits:

De l'Amour, &c.

VALERE.

Au courroux de Venus j'abandonne ſans peine
Tous ces amans indignes d'être heureux ;
Que l'Amour rejette leurs vœux,
Qu'il appeſantiſſe leurs chaînes :
Mais parmi tant de cœurs, Dercylis, croyez-vous
Qu'il n'en ſoit pas un ſeul digne d'un ſort plus doux ?

DERCYLIS.

Pour mon repos j'aime à le croire.

VALERE.

Croyez qu'à mille objets l'Amour ferme nos yeux,
Pour mieux aſſurer ſa victoire,
Et pour nous reſerver un choix plus glorieux.

Mon cœur depuis long-temps s'étoit formé l'image
Du veritable objet de ma felicité ;
Au gré de mes deſirs j'y voyois l'aſſemblage
De la douceur, de la vivacité ;
Charmes plus ſéduiſans cent fois que la Beauté.
Envain de ce portrait j'ay cherché le modele ;
Je croyois qu'un beau ſonge avoit ſéduit mon cœur :
Mais je vous vis : je connus mon vainqueur ;
Je ſentis expirer ma liberté rebelle :
Je ne vous offre point une nouvelle ardeur,
Avant que de vous voir, je vous étois fidelle. *

* *Ante tuos animo vidi quam lumine vultus.*
Paris Helenæ. Heroïd. Ovid.

DERCYLIS.

DERCYLIS.

Nos entretiens brilloient jusqu'à ce jour
D'une legereté charmante:
C'est un ton serieux que celui de l'amour,
Et le serieux m'épouvante.

VALERE.

Sous des traits plus legers, plus vifs, moins serieux,
Cet amour mille fois a du frapper vos yeux.
Helas! Vous avez feint de ne me pas entendre:
Un sourire perfide, et des regards distraits,
Que je cherchois toujours, sans les fixer jamais,
Ont été le seul prix d'une flâme si tendre.

DERCYLIS.

Mon courroux vous plairoit-il mieux?

VALERE.

J'aurois pour le flechir, les soupirs, et les larmes.

DERCYLIS.

Je ne veux point causer d'allarmes.

VALERE.

Appaisez-les en recevant mes vœux.

DERCYLIS.

Mais, en m'aimant, qu'esperez-vous Valere?
Captive, je ne puis disposer de mon sort.

VALERE.

Rome à mes vœux ne sera point contraire;
Pour vôtre liberté je puis faire un effort.

DERCYLIS.

Voulez-vous n'être aimé que par reconnoissance ?

VALERE.

Vous craignez de me trop devoir,
Ingrate, c'est encor une nouvelle offense.

DERCYLIS, à part.

Que je me fais de violence !

VALERE.

Ah ! Je n'en doute point : vous souffrez à me voir.

DERCYLIS.

Je me verrai contrainte à fuir vôtre présence.

VALERE.

Non, jouissez plûtôt de tout mon désespoir.

DERCYLIS.

Je vous l'avois prédit : la fatale tendresse
Répand dans les esprits la langueur, la tristesse :
Ah ! Prévenons l'ennui qui nous saisit tous deux :
Courons aux bords du Tybre, où le Peuple s'empresse ;
A leurs clameurs allons joindre nos vœux.

SCENE V.

VALERE.

ELle me fuit : un vain plaisir l'entraîne...
Elle rit de mes feux, l'Ingrate, l'Inhumaine....
Une Esclave se plaît à me désesperer,
Tandis que l'Univers n'a point de Souveraine,
Qui des vœux d'un Romain ne se doive honorer.
Ne puis-je rompre une fatale chaîne ?

L'éternel Enjoument, qui dissipe son cœur,
Le ferme à la plus tendre ardeur.
Ce charme, helas! Trop puissant sur mon âme,
Devient en même temps la source de ma flâme,
Et l'obstacle à mon bonheur.

CHOEUR des Peuples, derriere le Théâtre.

Triomphez Etrangere aimable,
C'est par vous que Venus nous devient favorable.

VALERE.

Qu'entens-je! Quels transports? Quels cris?

SCENE VI.

VALERE, MYSIS.

MYSIS.

SEigneur, Rome triomphe, ou plûtôt Dercylis.

On avoit perdu l'esperance,
On n'entendoit que de tristes clameurs,
Venus étoit insensible à nos pleurs,
Quand Dercylis vers le Tybre s'avance:
Ah! Déesse, entend-moi pour la premiere fois,
Que par toi mon bonheur commence!
Elle dit: et Venus semble écouter sa voix.
Son voile est le seul don qu'elle offre à l'Immortelle;
Il vole, l'air s'agite, on voit frémir les flots,
Le Vaisseau, qu'enchaînoit un funeste repos,
Aux Romains étonnez rend l'objet de leur zele.

VALERE.

Toy, qui te déclares pour elle,
Tendre Venus, adouci sa fierté:
Peuples, témoins de sa gloire nouvelle,
Ne vous opposez pas à ma felicité.

SCENE VII.

VALERE, DERCYLIS, MYSIS, PEUPLES.

CHOEUR.

Triomphez, Etrangere aimable,
C'est par vous que Venus nous devient favorable:
Ses bienfaits par vos mains vont descendre sur nous;
Les cœurs sont partagez entre Venus & vous.

VALERE.

Charmante Dercylis, goûtez vôtre victoire,
Le Tybre désormais coule pour vôtre gloire,
Vous rendez tout un Peuple heureux:
Serai-je seul à répandre des larmes?
A l'éclat de ce jour pompeux,
D'un triomphe plus beau joignez encor les charmes;
Couronnez les plus tendres feux,
Terminez mes vives allarmes.

DERCYLIS.

Je croyois les Dieux appaisez,
J'avois lassé leurs rigueurs inhumaines;
C'étoit la fin de mes peines,
Que de voir mes fers brisez:
Et vous ne me proposez
Que de changer de chaînes.

VALERE.

Venus veut lier nos deux cœurs ;
Vous auroit-elle envain confié sa puissance ?
Ingrate, vous blessez sa gloire, & mes ardeurs :
Quand vous m'otez toute esperance,
Quand vous m'accablez de rigueurs,
Vous faites à Venus une nouvelle offense.

DERCYLIS.

Venus à ma reconnoissance
N'a point imposé de loix :
Et de la liberté, que ce jour me dispense,
J'userai comme je dois.

VALERE.

Quel est donc l'espoir qui me reste ?

DERCYLIS.

Il ne tient plus qu'à moy de quitter ce séjour.

VALERE.

Quoy, vôtre liberté me seroit si funeste !

DERCYLIS.

Dois-je oublier les lieux où j'ay reçû le jour ?

VALERE.

C'en est donc fait : vous partirez, Cruelle,
Mes soupirs, ma douleur mortelle
Ne peuvent arrêter vos pas :
Non, vous ne fuyez point ce séjour plein d'appas ;

Vous ne fuyez que moy... j'esperois de vous plaire:
Vous refusez ma main, helas!
Faut-il qu'un même jour éclaire
Vôtre triomphe, et mon trépas?

DERCYLIS.

Voici l'instant de vous ouvrir mon ame:
Un Esclave auroit trop avili vôtre flâme;
De vôtre gloire enfin mon cœur étoit jaloux:
Du sort, sans murmurer, j'ay soûtenu l'outrage,
Et quand j'ay fait des vœux pour sortir d'esclavage,
Mon cœur les a formez moins pour moi, que pour vous.

VALERE.

Qu'entens-je? ô Ciel! cent fois daignez me le redire!
Dercylis, quoi, mes feux ont touché vôtre cœur!
Je suis aimé, je ne respire
Que pour sentir tout mon bonheur.

ENSEMBLE.

Goûtons le prix d'une tendresse extrême;
C'est le seul bien des cœurs, la source des plaisirs:
Les trésors, les grandeurs valent-ils nos soupirs?
L'Amour, le tendre Amour est le plaisir lui-même.

DERCYLIS.

Vole Amour, porte ſur tes aîles
Les Ris, les Jeux, et les Plaiſirs.

Tendres Cœurs, amuſez l'objet de vos deſirs
Par des Fêtes toûjours nouvelles;
Les tranſports mieux que les ſoupirs
Vous ferônt triompher des Belles.

Vole Amour, &c.

On danſe.

DERCYLIS.

Des cœurs nous banniſſons
Les ſoins & les allarmes,
A peine nous laiſſons
Ce langage dans nos Chanſons.
Le plus ſincere amant
Tient au plaiſir plûtôt qu'à nos charmes;
L'engagement
Le plus charmant
Céde aux ennuis d'un moment.
Le Dieu qui rend heureux
Doit-il s'annoncer par des larmes?
Si dans nos yeux
Brillent ſes feux,
Ils naiſſent des Ris & des Jeux.
Chantons, danſons,
Nos pas, nos ſons
Du plaiſir ſont des leçons.

LA MESME.

Loin de nous l'Amour est sans armes,
Il dépose ici tous ses traits ;
Quand il veut regner sans allarmes
Il n'a recours qu'à nos attraits.

Jeunes cœurs, pour de fiers objets,
Perdrez-vous les charmes
De la paix?
Les triomphes parfaits
N'ont jamais
Ny larmes
Ny regrets.

Loin de nous, &c.

FIN DE LA TROISIE'ME ET DERNIERE ENTRE'E.

APROBATION.

J'Ai lû par ordre de monseigneur le Chancelier, *Les Graces, Ballet-Heroique*, et je crois que cette nouvelle Edition en sera agréable au Public. A Paris, ce 3 juillet 1744. DANCHET.

Le Privilege du Roi, est aux OPERA *précédens.*

www.ingramcontent.com/pod-product-compliance
Lightning Source LLC
LaVergne TN
LVHW050215180726
843501LV00012BA/1764

* 9 7 8 2 3 2 9 6 6 8 3 3 8 *